Dis

10

DÁLM

# CUENTOS

## *de buenas noches*

Pongo y Perdita, los perros de Roger y Anita, han tenido quince cachorros dálmatas. Nanny, la niñera, le enseña el último en nacer al orgulloso papá.

—¡Guau, guau! —ladra él.

Cruella De Vil, una amiga de Anita, acude a visitarles.
—Te compro todos los cachorros.
—¡Pero si no están en venta! —exclaman
Roger y Nanny, furiosos.
¡Y Pongo tampoco parece nada contento!

La pequeña familia se recupera de tantas emociones siguiendo las aventuras de Relámpago en la televisión. ¡Menudo héroe!

Una tarde, Roger y Anita salen a dar un paseo con Pongo y Perdita. Nanny está cuidando de los cachorros cuando dos bandidos llaman a la puerta.

¡Pero contra Nanny los dos ladrones
no tienen nada que hacer!
—¡Salid de aquí, panda de bribones,
o llamaré a la policía!
—¡Ja, ja, ja, menudo carácter!
—responde uno de ellos,
burlándose de la niñera.

—¡Los cachorros! Mis queridos cachorrillos...
¡Se han llevado a todos los perritos!
—llora Nanny al descubrir que
los dálmatas han desaparecido.

Los dos ladrones, Gaspar y Horacio, trabajan para Cruella. ¡Ella les ha ordenado que roben los perritos para hacerse un abrigo con ellos! Los quince cachorros se encuentran prisioneros en la Mansión De Vil junto con muchos otros dálmatas.

Pongo y Perdita buscan a sus cachorros.
Para ello, piden ayuda a todos
los perros del barrio.
—¡Guau, arf, auuuuh!

¡Hurra! ¡Los padres han encontrado a sus pequeños! Pero... hay más de 15 cachorros... 20, 30, 60... ¡99! La malvada Cruella había robado 99 cachorros de dálmata.

¡Por supuesto, no están dispuestos a abandonar ni a uno en esa horrible mansión! Pongo y Perdita huyen con los 99 cachorros, perseguidos por Cruella, Horacio y Gaspar. ¿Pero cómo lograrán escapar?

¡El hollín! ¡Ahí está la solución! Pongo les pide a los cachorros que se revuelquen por el hollín hasta quedar totalmente negros. ¡De ese modo consiguen salir sin que los malvados se fijen en ellos!

¡Negros como simples labradores, Pongo, Perdita y los cachorros pasan junto a Cruella, Gaspar y Horacio, que ni los reconocen!

Por fin en casa, Pongo le hace mil fiestas a Roger mientras Perdita abraza a Anita. ¡Todos se alegran muchísimo de estar nuevamente juntos!

Roger, Anita y Nanny casi ni se lo creen al ver los 99 cachorros... ¡pero son tan bonitos que deciden quedárselos a todos en casa!

# TÍTULOS DE LA COLECCIÓN

Mickey y los Superpilotos. Un día perfecto • Enredados • La Bella y la Bestia • Cars 3 • Frozen • Alicia en el País de las Maravillas • La Bella Durmiente • Elena de Ávalor • El Rey León • Spider-Man • Aladdín • Vaiana • El libro de la selva • Frozen. El cumpleaños de Olaf • La guardia del León • Peter Pan • La Sirenita. El collar misterioso • Minnie • Spider-Man. Una noche extraña • Coco • Bambi • Los Increíbles 2 • La Sirenita • Vampirina. La fiesta de pijamas • Bingo y Rolly. Misión torrijas • 101 Dálmatas • Mickey en el espacio • Frozen. El fantasma de Arendelle • Spider-Man. La historia de Miles Morales • Dumbo

101 Dálmatas está basada en el libro *The Hundred and One Dalmatians*,
de Dodie Smith, publicado por Viking Press.

Publicado en España por Editorial Planeta, S. A., 2019
Avda. Diagonal, 662-664, 08034 Barcelona (España)
www.planetadelibrosinfantilyjuvenil.com
www.planetadelibros.com
Primera edición: junio de 2019
ISBN: 978-84-17529-93-2
Depósito legal: B. 9.596-2019
Impreso en España

El papel utilizado para la impresión de este libro está calificado como papel ecológico y procede de bosques gestionados de manera sostenible.